A. Bahn, J. Offenbach

Ein Ehemann vor der Tür

Operette in einem Akt

A. Bahn, J. Offenbach

Ein Ehemann vor der Tür
Operette in einem Akt

ISBN/EAN: 9783742808950

Hergestellt in Europa, USA, Kanada, Australien, Japan

Cover: Foto ©Angelika Wolter / pixelio.de

A. Bahn, J. Offenbach

Ein Ehemann vor der Tür

Ein Ehemann vor der Thür.

(UN MARI À LA PORTE.)

Operette in einem Akt

nach dem Französischen des Delacour
und Morand

in deutscher Bearbeitung von A. Bahn u. J. C. Grünbaum.

Musik von

J. OFFENBACH.

Vollständiger Klavier-Auszug mit gesungenem und gesprochenem Text.

M 4.—

Teuerungszuschlag 100%

Eigentum der Verleger
Aufführungsrecht vorbehalten.

ED. BOTE & G. BOCK, BERLIN W. 8.
Gegründet 1838.

Ein Ehemann vor der Thür.
(Un mari à la porte.)
Operette in 1 Akt.

Musik von

J. Offenbach.

PERSONEN.

Martin Preller, Executor	*Bariton.*
Suschen, seine Frau	*Mezzo-Sopran.*
Florian Specht	*Tenor.*
Rosine	*Sopran.*

INHALTSVERZEICHNISS.

Ouverture		Seite 3.
№ 1.	Walzer-Melodram	„ 9.
„ 1bis	Duo *(Rosine, Susanne)*	„ 11.
„ 2.	Walzer-Arie *(Rosine)*	„ 20.
„ 3.	Terzett *(Susanne, Rosine, Florian)*	„ 29.
„ 4.	Quartett und Couplets	„ 50.
„ 5.	Florian's Lamentation	„ 70.
„ 6.	Couplet an das Publikum	„ 74.

EIN EHEMANN VOR DER THÜR.
(Un mari à la porte.)
OUVERTURE.

J. Offenbach.

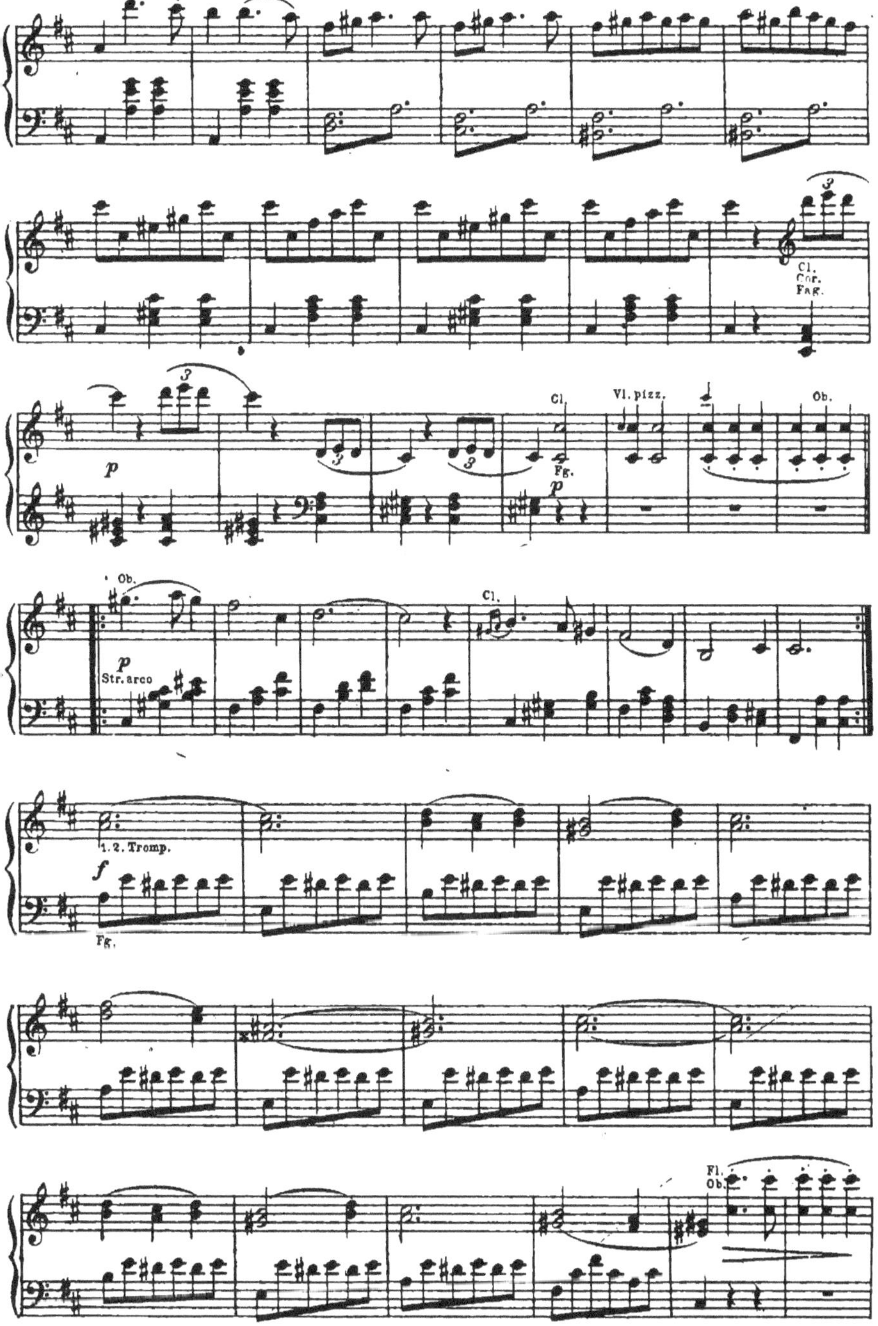
Cl.
Cor.
Fag.
p
Cl.
Vl. pizz.
Ob.
Fg.
p
Ob.
p
Str. arco
Cl.
1. 2. Tromp.
f
Fg.
Fl.
Ob.

Ein Zimmer mit Mittelthür und zwei Fenstern, deren eines *(rechts)* in einen Garten, das andere *(links)* auf die Strasse geht. Rechts ganz vorn, die Thüre eines Wandschranks, – links, in der ersten Coulisse ein Kamin. Ein Tisch, worauf ein Abendessen aufgetragen, Stühle etc.

Erste Scene.

(Beim Aufrollen des Vorhangs herrscht vollkommene Dunkelheit.)

Florian *(durch den Kamin herabgleitend.)* Alle Wetter! Das war keine Dachluke, sondern ein Kamin! – Nun, Gott sei Dank, dass ich endlich festen Boden gefunden. *(Er sucht sich zu orientiren.)* Aber wo bin ich denn eigentlich? *(Er bleibt stehen.)* Ein lieblicher Wohlgeruch kitzelt meine Nase! *(Er greift mit der Hand auf den Kamin und sticht sich an einem Nadelkissen.)* O weh! Eine Nadel! Ich scheine demnach in dem Gemach einer Frau, – vielleicht eines hübschen Mädchens zu sein! Das liesse ich mir schon gefallen! *(Es schlägt Mitternacht.)* Mitternacht! Mir graust! Und sie, die hier haust, ruht ohne Zweifel schon längst in Morpheus Armen! – Glücklicher Morpheus! Alle hübschen Mädchen werfen sich in seine Arme! *(Herumtappend.)* Und ich, ich muss erblassen! Steh' einsam und verlassen!

(Der folgende Walzer, der während des Monologs gespielt wird, muss bei der zweiten Scene zu Ende sein.)

N.º 1. Walzer.

Musik! Tanzmusik! Es ist also ein Ball im Hause! Wenn ich mich unter die Tänzer schliche, so könnte ich entwischen, ohne dass man mich bemerkt. *(Er geht gegen den Hintergrund, – Stimmen von Aussen.)* O weh! Man kommt! Man wird mich gar für einen Dieb halten, – und nirgends ein Loch, um mich zu verkriechen – kein Spinde, kein Schrank! Nichts! Nichts! *(Er tastet überall umher und kommt endlich zu dem Wandschrank, dessen Schlossknopf seine Finger berühren.)* Gottlob! Ich bin gerettet! *(Er schlüpft hinein und schliesst die Thüre hinter sich zu; in diesem Augenblick treten Susanne und Rosine in hochzeitlichem Putz, durch die Mittelthüre ein. Rosine hat ein Licht in der Hand. Die Bühne wird hell.)*

N.º 1. Walzer.

Zweite Scene.
Rosine. Susanne.

Rosine. Kind, er ist doch immer dein Mann.
Susanne. Das gilt mir ganz gleich! Er soll mir nicht hereinkommen, das sag' ich Dir!
Rosine. Der Aermste! Du wirst ihn zur Verzweiflung bringen!
Susanne. Das will ich auch!
Rosine. Und das Essen, das er bestellt hat?
Susanne. Ich will nicht essen!
Rosine. Ich begreife Dich nicht, Susanne! Heute Morgen warst du noch so ganz glücklich über Deine Heirath —
Susanne. Ach! Heute Morgen kannte ich seinen eigensinnigen, widerspenstigen Character noch nicht.
Rosine. Dein Mann? Ei, der sieht doch so sanft aus, wie ein Lamm.
Susanne. Aussehen, das ist möglich! Doch er ist in der That ein Tiger, ein Leopard, eine Hyäne! Denke Dir, dass er die Keckheit hatte, zu behaupten, meine Augen wären blau, obschon ich ihm versicherte, sie seien schwarz.
Rosine. Nun — da hat er doch recht?
Susanne. Wie so?
Rosine. Deine Augen sind in der That blau!
Susanne. Das thut nichts! Er durfte mir doch nicht widersprechen, zumal am Hochzeitstage! — O, das ist übrigens noch nicht Alles! Während des Balles bringt man ihm in meiner Gegenwart einen Brief, er nimmt ihn, liest ihn und steckt ihn ruhig in die Tasche, ohne ihn mir zu zeigen!
Rosine. Das ist freilich unerhört!
Susanne. Nicht wahr? Ich verlange natürlich den Brief zu lesen — er antwortet mir, es wäre ein Geschäftsbrief, der für mich kein Interesse hätte, dreht mir den Rücken zu und lässt mich, denke Dir, lässt mich stehen!
Rosine. Das ist abscheulich!
Susanne. Nicht wahr? — Ach, ich bin so unglücklich! *(Sie weint.)*
Rosine. Armes, armes Kind! *(In Lachen ausbrechend.)* Ha, ha, ha! Du bist eine kleine Närrin!

N.º 1 bis Duo.

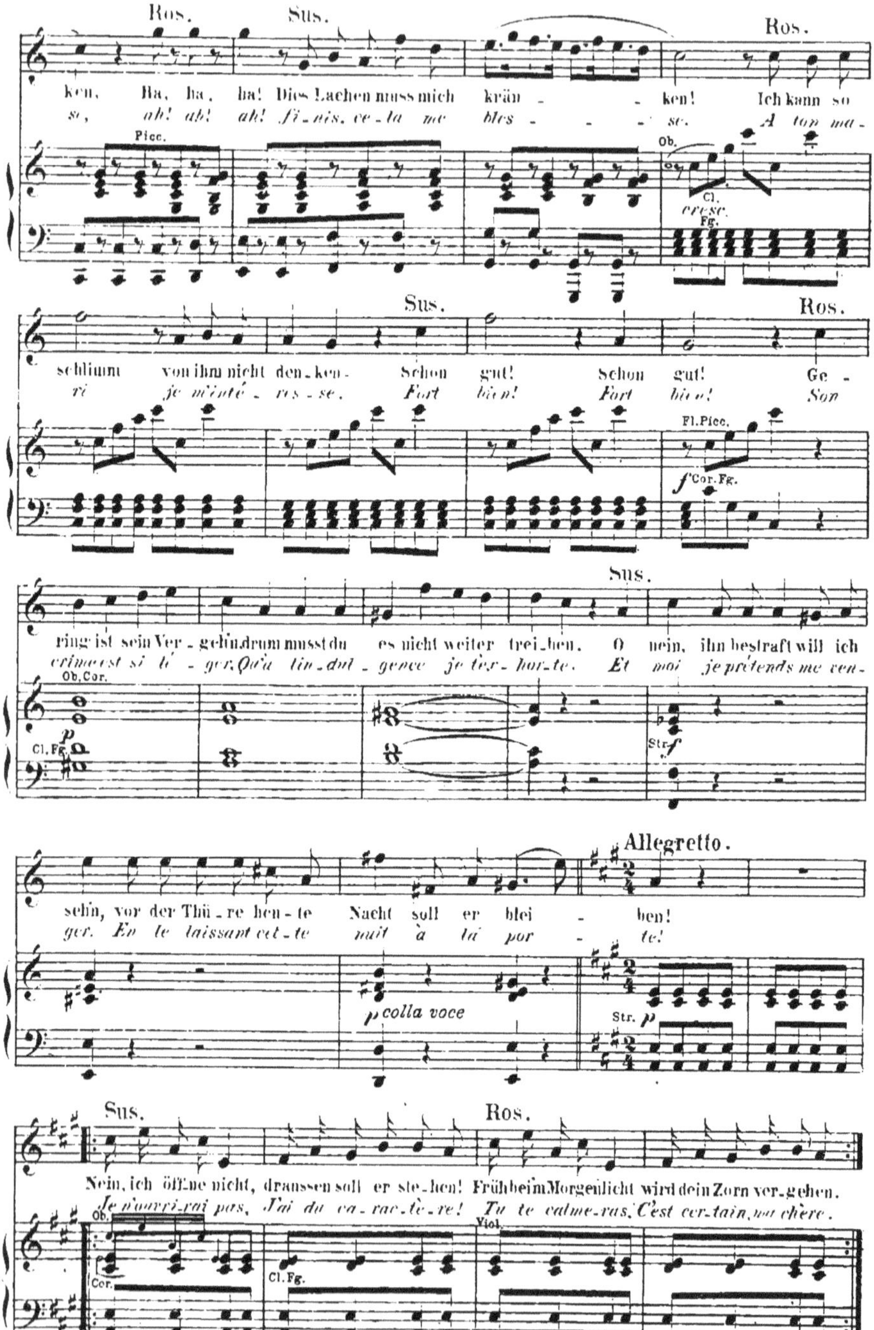
Ros. Sus. Ros.
ken, Ha, ha, ha! Dies Lachen muss mich krän - ken! Ich kann so
Picc. Ob. Cl. cresc. Fg.
Sus. Ros.
schlimm von ihm nicht den-ken- Schon gut! Schon gut! Ge -
Fl.Picc. f Cor.Fg.
Sus.
ring ist sein Ver - gehn, drum musst du es nicht weiter trei-ben. O nein, ihn bestraft will ich
Ob.Cor. p Cl.Fg. Str. f
Allegretto.
sehn, vor der Thü - re heu - te Nacht soll er blei - ben!
p colla voce Str. p
Sus. Ros.
Nein, ich öff-ne nicht, draussen soll er ste-hen! Früh beim Morgenlicht wird dein Zorn ver-gehen.
Ob. Cor. Cl.Fg. Viol.

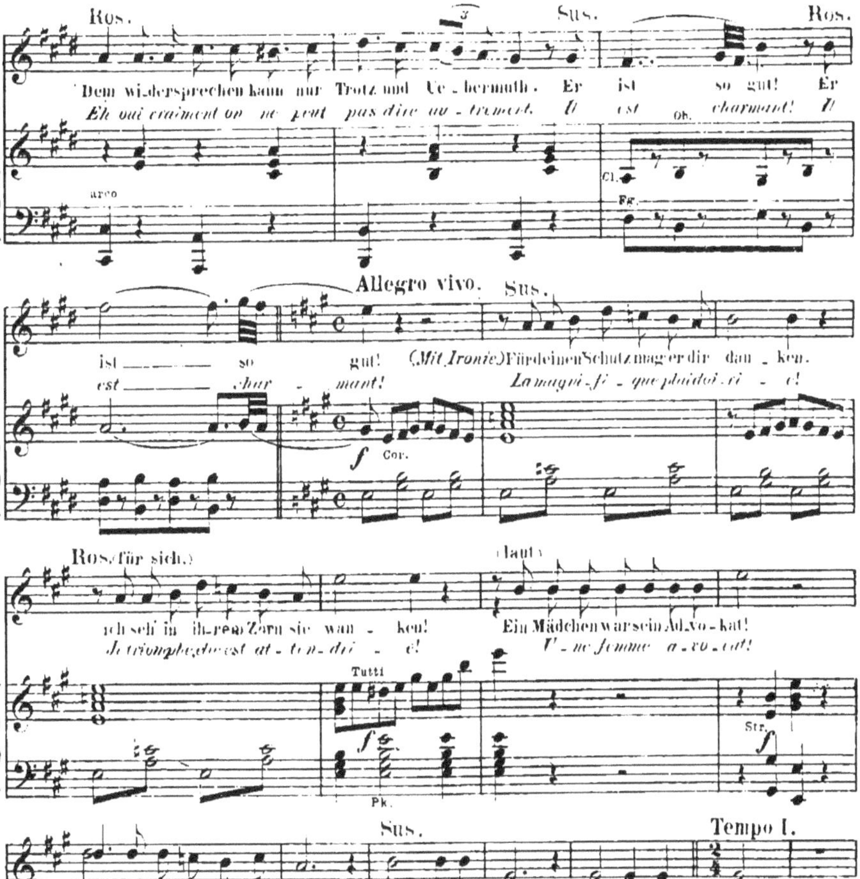

Rosine. Also du willst nicht nachgeben? Nicht?
Susanne. Auf keinen Fall.
Rosine. O, mein Kind, dann weiss ich, wie die Sachen stehen! Du liebst deinen Mann nicht, Du liebst im Gegentheil den kleinen süssen Wechselagenten, der Dir den Hof gemacht –
Susanne. Was sagst Du? Den? Ich bitte Dich, kränke mich nicht! Ach, wüsstest Du, dass er die Unverschämtheit hatte, mir gestern Abend zu schreiben.
Rosine. Das hat er gewagt?
Susanne. (den Brief hervorziehend.) Ja, ja! Da, lies selbst.
Rosine. nachdem sie gelesen.) Der Unverschämte! Er schwört, sich für Deinen Korb zu rächen, Deine Hochzeit zu stören! Das ist zu stark!
Susanne. Ach! Ich war den ganzen Tag über in der grössten Angst. Alle Augenblicke glaubte ich ihn erscheinen zu sehen. – in der Kirche, bei Tische, auf dem Ball, sogar hier!
Rosine. Armes Kind! Aber es war sein Glück, dass er sich ruhig verhielt! Er hatte es mit mir zu thun gehabt! (Mit der Gebärde, als ob sie Ohrfeigen austheilte. Flick, flack! (Sie verbrennt den Brief an dem Lichte.) Doch, denke nicht mehr daran, und kehren wir lieber zum Ball zurück! Man hört das Ritornell eines Walzers.
Susanne. Einen Augenblick! – Meine Augen sind ja noch ganz roth!

Nº 2. Walzer.

Dritte Scene.

Susanne. Dann Florian.

Susanne. *(sich im Spiegel des Kamins beschend.)* Die gute Rosine! Sie hat Recht! Martin ist die Perle der Ehemänner, und es war sehr unklug von mir, ihn zu erzürnen! Aber – gleichviel! Er hätte mir doch den Brief geben sollen, den man ihm brachte. *(In diesem Augenblick hört man in dem Wandschrank seufzen.) (Ueberrascht und furchtsam.)* Was ist das?

Florian. *(im Wandschrank.)* Erbarmen! Erbarmen! – Luft! Luft!

Susanne. *(voll Schrecken.)* Heiliger Vater! Es ist Jemand in diesem Wandschrank! – Himmel, wenn Er es wäre! *(Wiederholtes Seufzen.)* Wenn Er seine Drohung wahr gemacht –

Florian. Luft! – Luft! –

Susanne. Was soll ich thun? Ich kann ihn doch nicht ersticken lassen! *(Sie öffnet den Schrank.)*

Florian. *(aus dem Schrank tretend, mit schwacher Stimme.)* O schreien Sie nicht, um's Himmelswillen!

Susanne. *(ohne ihn anzusehen.)* Kommen Sie nicht näher, ich verbiete es Ihnen!

Florian. *(stösst auf einen Stuhl und sinkt halb ohnmächtig darauf nieder.)* Dank, Dank, mein rettender Engel!

Susanne. *(sich der Mittelthür nähernd.)* Wenn Jemand käme! – Mich so zu compromittiren! – Es ist himmelschreiend von Ihnen –

Florian. *(mit leiser Stimme.)* Noch eine halbe Minute und eine Leiche stände vor Ihnen –

Susanne. *(sie nähert sich ihm.)* O, ich werde es Ihnen nie verz.... *(sein Gesicht sehend und voll Schrecken zurückweichend.)* Er ist es nicht! Gott sei Dank! *(Sie sinkt auf einen Stuhl.)*

Florian. *(geht zu ihr.)* Nun wird sie noch ohnmächtig! – Madame! – Mademoiselle! – Das ist eine reizende Geschichte. – Wenn ich nur eine Feder hätte, um sie an der Nase zu kitzeln. – Madame, liebe Madame! – der Angstschweiss bricht mir aus – Sie seufzt! – Ach! – Sie kommt zu sich! *(Susanne öffnet die Augen, stösst Florian zurück, und sucht vergebens sich vom Stuhl zu erheben.)*

Susanne. *(mit schwacher Stimme.)* Zu Hilfe! zu....

Florian. *(vor ihr knieend.)* O machen Sie mich nicht unglücklich! Haben Sie Mitleid mit einem armen Jüngling!

Susanne. Kein Wort mehr! Herr, fliehen Sie – Wenn mein Mann käme –

Florian. Das wäre sehr störend! Aber, beruhigen Sie sich, Madame! Ich fliehe! *(Er geht gegen die Mittelthüre.)*

Susanne. Nicht da hinaus! Wenn man Sie sähe, ich wäre verloren! *(Voll Verzweiflung.)* Aber um des Himmels Namen, mein Herr, wo sind Sie denn hereingekommen?

Florian. Wenn Sie es nicht übel nehmen, durch den Kamin. Es war grade nicht allzu bequem!

Susanne. Durch den Kamin? – Nun, so nehmen Sie denselben Weg auch wieder zurück.

Florian. Durch den Kamin? – Erlauben Sie, da befänden Sie sich in einem Irrthum, wenn Sie glaubten, ich sei ein Schornsteinfeger.

Susanne. *(sie eilt zu dem Fenster links.)* Nun denn, da hinab!

Florian. Da hinab? Schön, Madame! *(Er blickt durch das Fenster.)* Aber da stürze ich ja dem Tod in den Rachen!

Susanne. Das gilt mir gleich, nur fort!

Florian. Aber ich bitte Sie, mir ist das ganz und gar nicht gleich. — Drei Stockwerke! — und das harte Steinpflaster! Da muss ich doch bestens danken!

Susanne. *(sie schliesst schnell das Fenster und eilt zu dem Wandschrank, um ihn zu öffnen.)* Dieser Wandschrank —

Florian. Den! O nein! Den hab' ich bereits genossen! — Nicht um eine Welt!

Susanne. O, mein Gott, mein Gott! *(Sie öffnet das Fenster rechts.)* Hier ist gar keine Gefahr!

Florian. *(hinabblickend.)* Keine Gefahr, sagen Sie?

Susanne. Das Fenster geht in den Garten! — Der Rasenplatz unten — das Weingeländer an der Wand — aber so eilen Sie doch, mein Herr! — Wollen Sie mich denn wahnsinnig machen?

Florian. Nein, Madame, nein! — Ich gehe — ich begreife Ihre Lage! — Lieber will ich sterben! *Er steckt ein Bein durch das Fenster.)* Und doch — Madame — ich bin so jung, — habe eine blühende Zukunft vor mir —

Susanne. Halten Sie sich am Geländer fest!

Florian. *(rittlings im Fenster sitzend.)* Ich, Madame! Sehen Sie, ich habe — ich bin — das heisst —

Susanne. Fort, fort von hier!

Florian. Leben Sie wohl, Madame, leben Sie auch recht wohl! Und wenn das Schicksal so unmenschlich wäre, dass mir etwas Menschliches passirte, dann beten Sie gütigst für meine arme Seele! Adjeu! Leb'wohl, Madrid! Nie wende sich dein Glück!

Vierte Scene.

Susanne. Rosine.

Susanne. *(sie hört das laute Lachen Rosine's.)* Gott sei Dank! Er ist fort! Es war die höchste Zeit!

Rosine. *(eintretend.)* Wo bleibst Du nur, Susanne? Alle Welt wartet auf Dich!

Susanne. So? Nun sieh, ich — ich — ich —

Rosine. Was ist Dir denn? Du zitterst am ganzen Körper! *(Ihre Hand fassend.)* Deine Hand ist eiskalt! Du bist doch nicht krank?

Susanne. Nein! Nein!

Rosine. *(sieht das offene Fenster.)* Aber wie kannst Du nur das Fenster offen lassen? Welche Unvorsichtigkeit! — Ich bitte Dich, Susanne — *(Sie nähert sich dem Fenster, um es zu schliessen. In diesem Augenblick hört man das Weingeländer krachen, und Florian erscheint am Fenster, blass und seine Haare in Unordnung. — Sie stösst einen furchtbaren Schrei aus. — Susanne wendet sich um und schreit ebenfalls auf. Sie entfernen sich Beide und drängen sich an einander, während Florian mühsam zum Fenster hineinsteigt.)*

N° 3. Terzett.

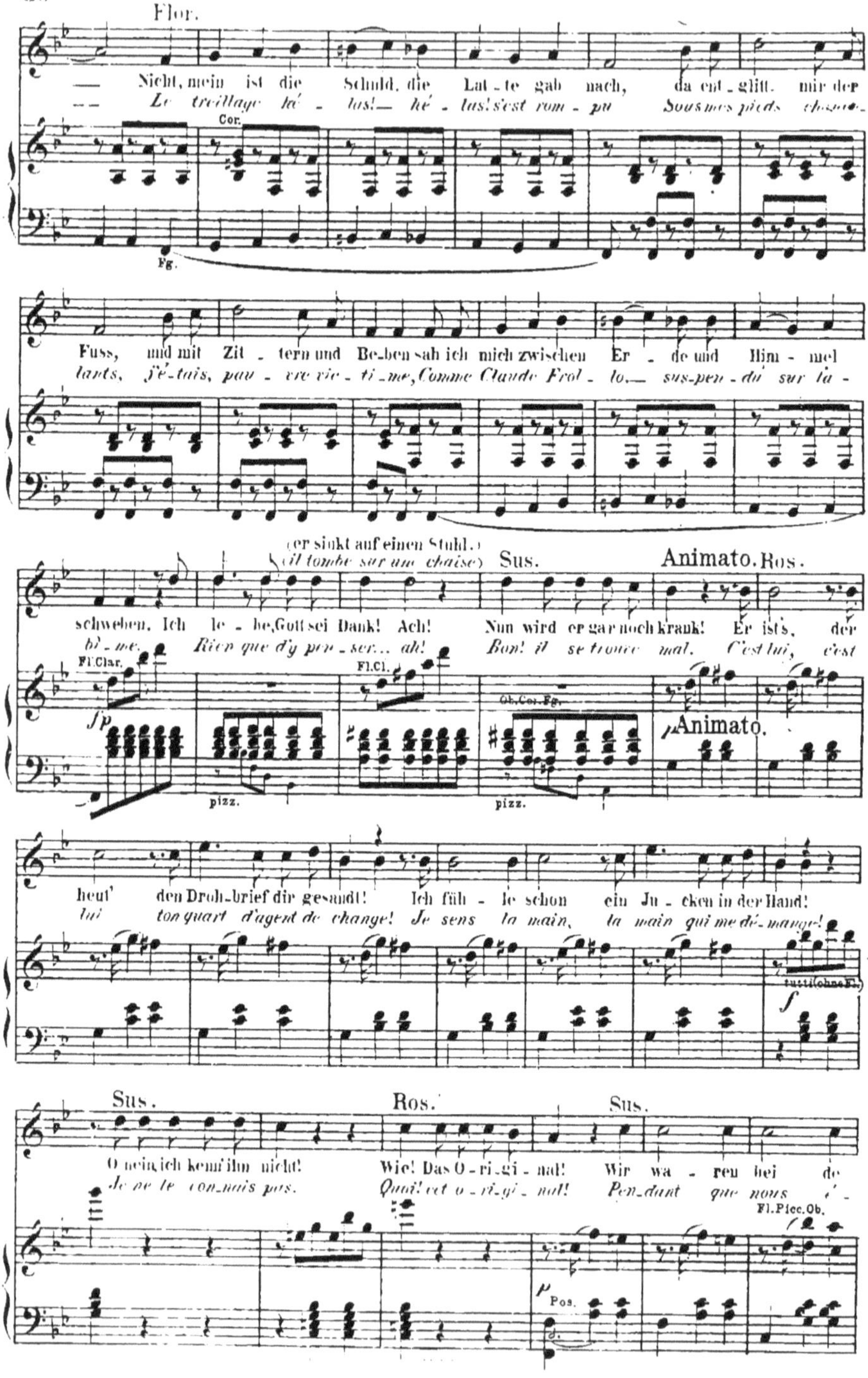
Flor.
Nicht, mein ist die Schuld, die Lat - te gab nach, da ent - glitt mir der
Le treillage hé - las! hé - las! s'est rom - pu Sous mes pieds chance-
Cor.
Fg.
Fuss, und mit Zit - tern und Be - ben sah ich mich zwischen Er - de und Him - mel
lants, j'é - tais, pau - vre vic - ti - me, Comme Claude Frol - lo, sus - pen - du sur la -
(er sinkt auf einen Stuhl.)
(il tombe sur une chaise)
Sus.
Animato.
Ros.
schweben. Ich le - be, Gott sei Dank! Ach! Nun wird er gar noch krank! Er ist's, der
bî - me. Rien que d'y pen - ser... ah! Bon! il se trouve mal. C'est lui, c'est
Fl.Clar.
fp
pizz.
Fl.Cl.
Ob.Cor.Fg.
pizz.
Animato.
heut' den Droh - brief dir gesandt! Ich füh - le schon ein Ju - cken in der Hand!
lui ton quart d'agent de change! Je sens la main, la main qui me dé - mange!
tutti (ohne Fl.)
f
Sus.
Ros.
Sus.
O nein, ich kenn' ihn nicht! Wie! Das O - ri - gi - nal! Wir wa - ren bei de
Je ne te con - nais pas. Quoi! cet o - ri - gi - nal! Pen - dant que nous é -
Fl.Picc.Ob.
p
Pos.

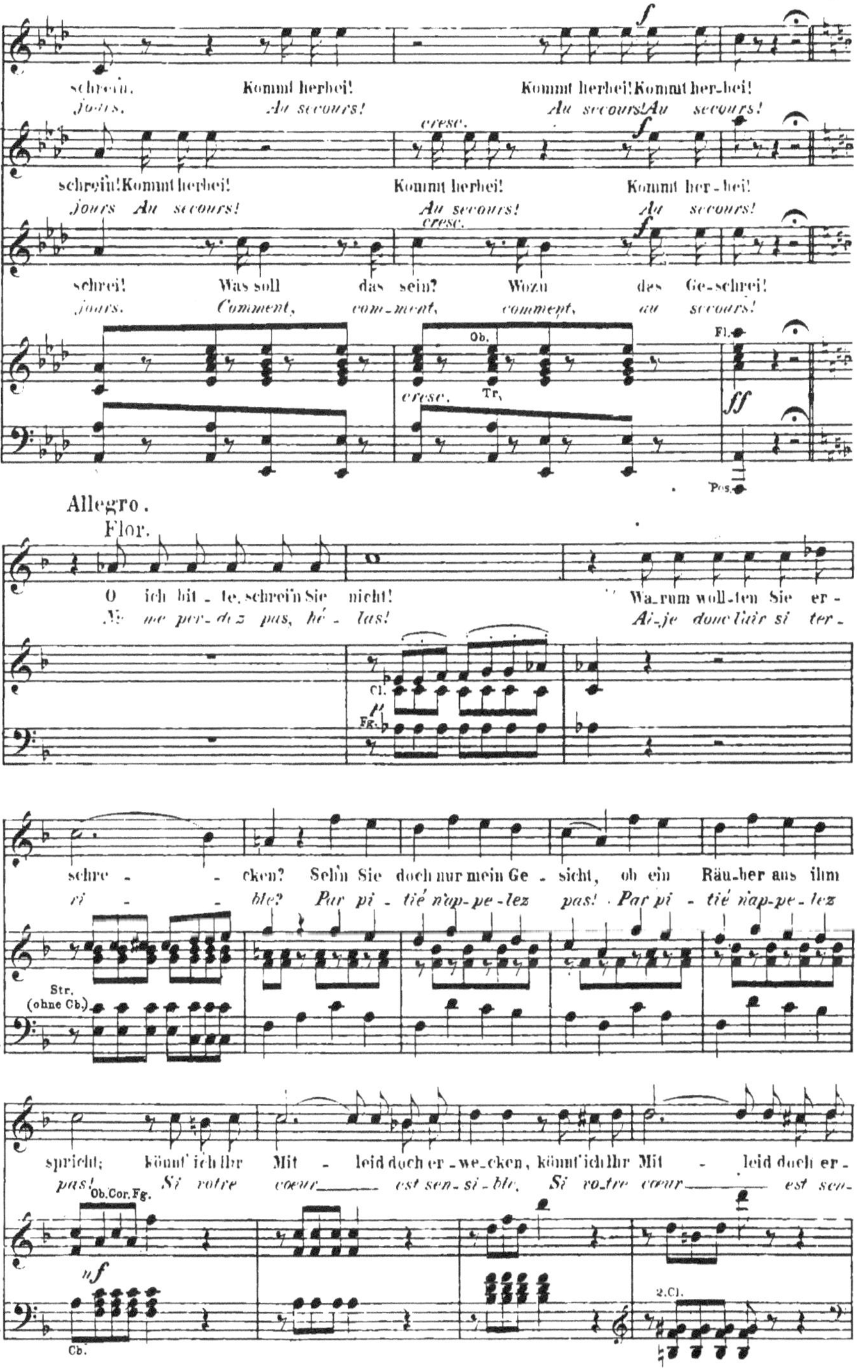
schrein. Kommt herbei! Kommt herbei! Kommt her-bei!
jours. Au secours! Au secours! Au secours!
cresc.
schreiu! Kommt herbei! Kommt herbei! Kommt her-bei!
jours Au secours! Au secours! Au secours!
cresc.
schrei! Was soll das sein? Wozu das Ge-schrei!
jours. Comment, com-ment, comment, au secours!
Ob.
Fl.
cresc. Tr.
ff
Pos.
Allegro.
Flor.
O ich bit-te, schrei'n Sie nicht! Wa-rum woll-ten Sie er-
Ne me per-dez pas, hé-las! Ai-je donc l'air si ter-
Cl.
Fg.
schre-cken? Seh'n Sie doch nur mein Ge-sicht, ob ein Räu-ber aus ihm
ri-ble? Par pi-tié n'ap-pe-lez pas! Par pi-tié n'ap-pe-lez
Str. (ohne Cb.)
spricht; könnt' ich ihr Mit-leid doch er-we-cken, könnt' ich ihr Mit-leid doch er-
pas! Si votre cœur est sen-si-ble, Si vo-tre cœur est sen-
Ob. Cor. Fg.
mf
Cb.
2.Cl.

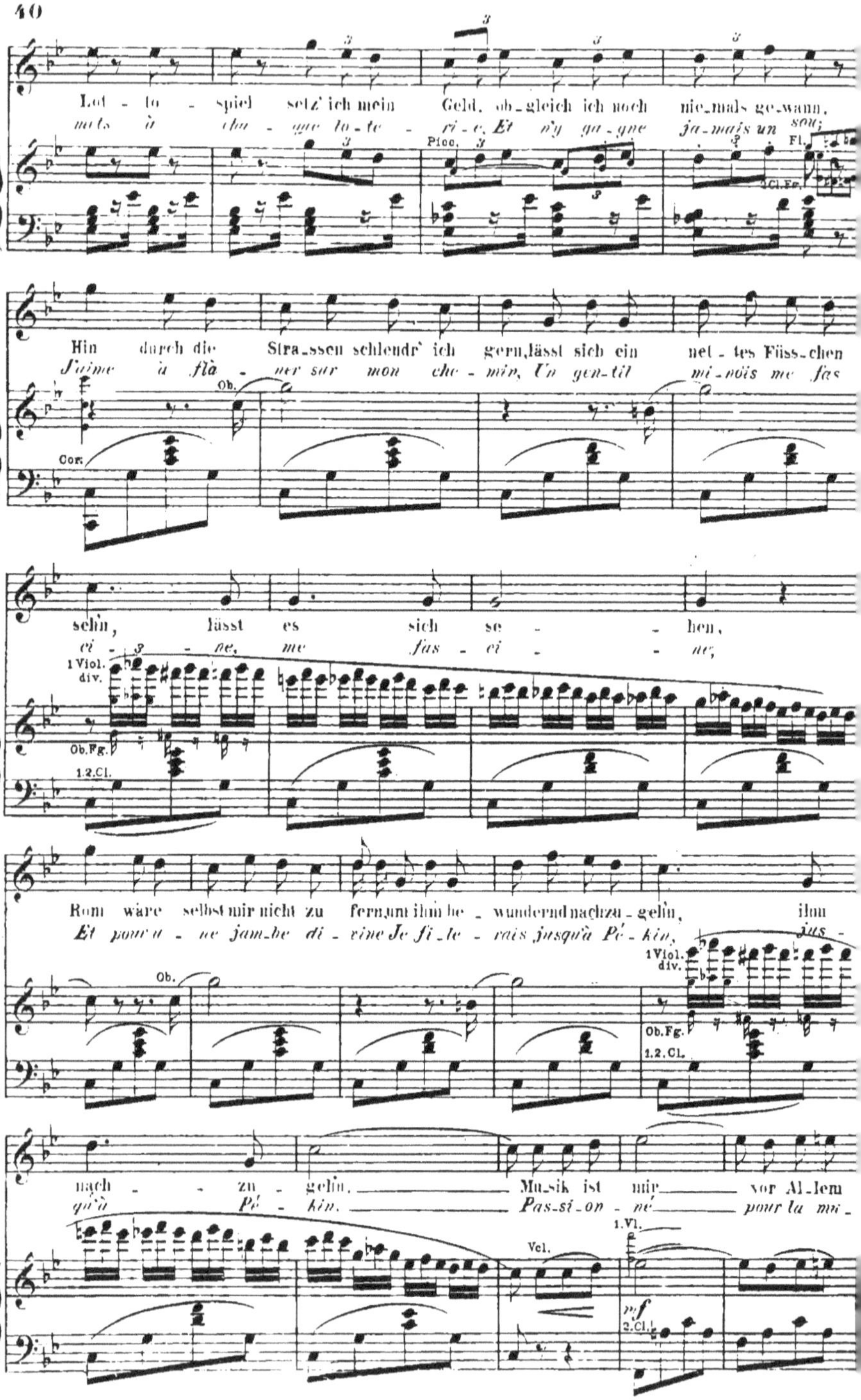
Lot - to - spiel setz' ich mein Geld, ob-gleich ich noch nie-mals ge-wann,
mets à cha - que lo-te - ri - e. Et n'y ga-gne ja-mais un sou;
Picc.
Fl.
2.Cl.Fg.
Hin durch die Stra-ssen schlendr' ich gern, lässt sich ein net-tes Füss-chen
J'aime à flâ - ner sur mon che - min, Un gen-til mi-nois me fas
Ob.
Cor.
sehn, lässt es sich se - hen,
ci - ne, me fas - ci - ne,
1 Viol. div.
Ob.Fg.
1.2.Cl.
Rom wäre selbst mir nicht zu fern, um ihm be - wundernd nachzu-gehn, ihm
Et pour u - ne jam-be di - vine Je fi - le - rais jusqu'à Pé - kin, jus -
Ob.
1 Viol. div.
Ob.Fg.
1.2.Cl.
nach - zu - gehn. Mu-sik ist mir vor Al-lem
qu'à Pé - kin. Pas-si-on - né pour la mu-
Vcl.
1.Vl.
mf
2.Cl.

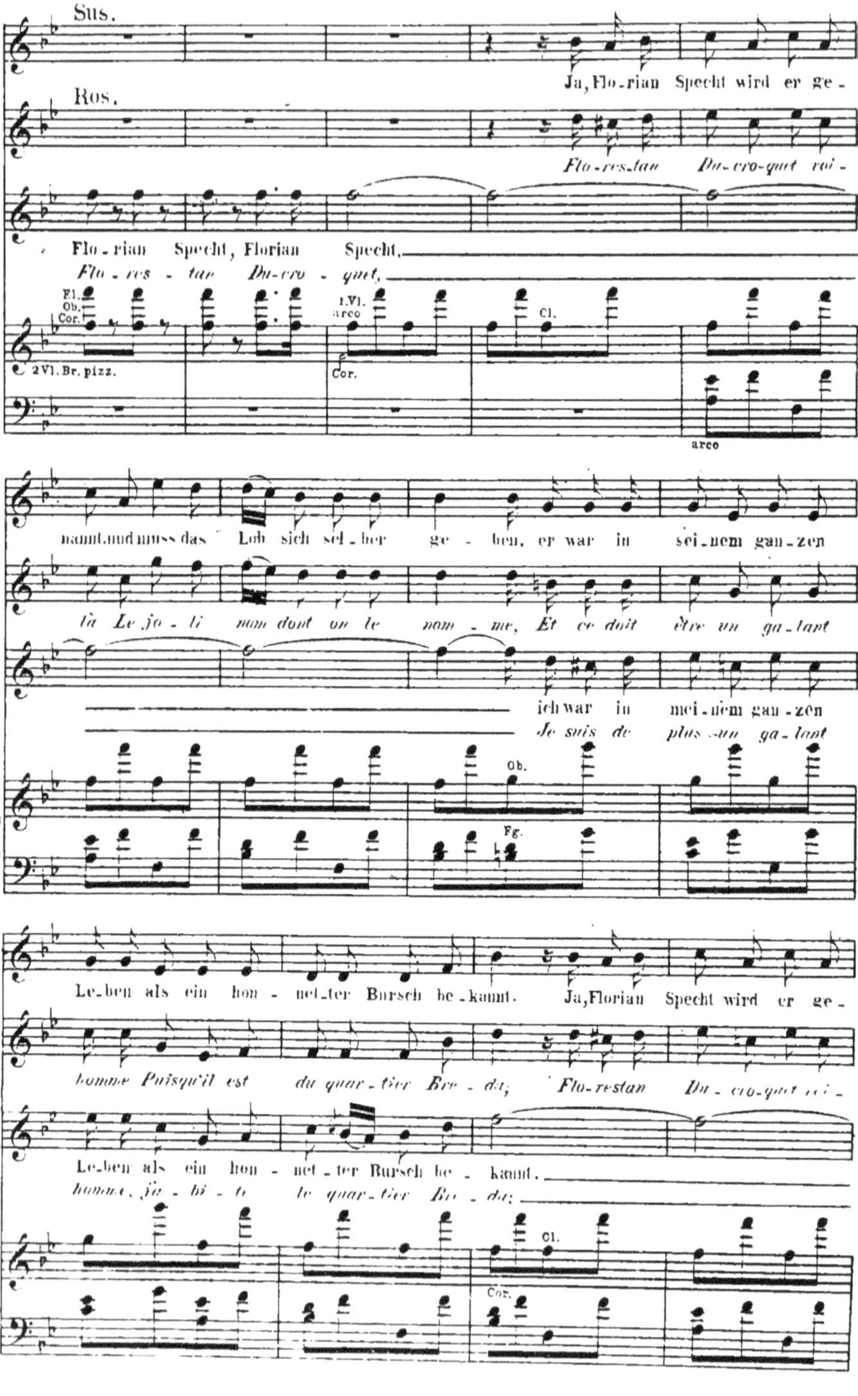
Sus.
Ja, Flo-rian Specht wird er ge-
Ros.
Flo-res-tan Du-cro-quet roi-
Flo-rian Specht, Florian Specht.
Flo-res-tan Du-cro-quet.
Fl. Ob. Cor.
1.Vl. arco
Cl.
2 Vl. Br. pizz.
Cor.
arco
nannt, und muss das Lob sich sel-ber ge-ben, er war in sei-nem gan-zen
là Le jo-li nom dont on le nom-me, Et ce doit être un ga-lant
ich war in mei-nem gan-zen
Je suis de plus un ga-lant
Ob.
Fg.
Le-ben als ein hon-net-ter Bursch be-kannt. Ja, Florian Specht wird er ge-
homme Puisqu'il est du quar-tier Bre-da; Flo-restan Du-cro-quet roi-
Le-ben als ein hon-net-ter Bursch be-kannt.
homme, j'ha-bi-te le quar-tier Bre-da;
Cl.
Cor.

Florian. Ja, meine Damen, ich bin Componist, der Autor einer komischen Oper, die von den Kapellmeistern des Theaters, natürlich aus Neid, wie das immer geschieht, einstimmig zurückgewiesen wurde. — Und doch — welch prachtiger Titel: „Die wandelnde Leiche um Mitternacht!"
Rosine. Wie schrecklich! Also Sie schreiben Noten?
Florian. Ja, mein Fräulein, ich schreibe Noten — nach Noten, vom Morgen bis auf den Abend. Ach, meine Melodien sind so süss, so herzerweichend, so sinneberauschend, so verführerisch! Aber sie würden mir zur Quelle namenlosen Leidens! Ach!
Rosine. Wie das?
Florian. Es ist eine alte Geschichte, doch bleibt sie ewig neu, und wen sie just betroffen, dem bricht das Herz entzwei! Doch fürchten Sie nichts. — Ich will mich kurz fassen. Unter mehren andern Menschen lebt hier auch ein gewisser Murner, ein Mann der Elle und des Masses, was man im gewöhnlichen Leben so „Schneider" zu nennen pflegt. Dieser Murner besitzt unter anderen Eigenthümlichkeiten auch eine reizende junge Frau, ein Weib — lassen Sie mich schweigen, nur das eine will ich Ihnen vertrauen, ich darf es sagen, dass ihr schönes Herz für Musik schwärmt und was noch mehr sagen will, für meine Compositionen schwärmt.
Rosine. Die arme Frau.
Florian. Wie! Die arme Frau? — O, mein Fräulein, meine Romanzen sind allerdings melancholisch, aber dabei sehr angenehm und duse!
Susanne. Nicht möglich!
Florian. Ich versichere Sie, dass man bei diesen Tonen die Seele aushauchen kann. Ein Factum ist, dass Dame Murner und ich durch diesen musikalischen Magnetismus in einen allerdings nur geistigen Contact getreten sind, der indessen den Gatten mit einer Othelloartigen, tigerhaften Eifersucht erfüllte, denn dieser Murner ist eifersüchtig wie ein Turke — ich gehe daher auch nie zu ihm, um mir das Maass zu der Bedeckung irgend einer Blösse nehmen zu lassen, als wenn ich weiss, dass er nicht zu Hause ist. Da ich nun heut' Abend hörte, er sei nach Jüterbogk gereist, begab ich mich gegen halb eilf Uhr in seine Wohnung, um mir Maass zu einer Weste nehmen zu lassen, die ich eigentlich gar nicht brauche, als der Tiger mit einem Male auf mich losstürzt, eine schwere eiserne Elle in der Hand. — Die Reise war nur eine Finte. Ich will fliehen — er mir nach — endlich erreiche ich die Küche, fest entschlossen, mein Leben theuer zu verkaufen. Lassen Sie mich von dem schweigen, was dort in der Finsterniss zwischen uns Beiden vorging. — Die feige Memme hatte nämlich den Riegel vorgeschoben und mir so jede Möglichkeit benommen, ihn durch meine Flucht vor seinen Angriffen gegen mich zu retten. Angriffe, die sothaner Art waren, dass meine Backen, mein Rücken mich bald schmerzten, und ich trotz der Dunkelheit gleich errieth, dass ich der Geprügelte war. Nachdem dies eine Weile gedauert, verliess er mich, indem er mir mit donnernder Stimme zurief: Gute Nacht, Herr Specht! Schlafen Sie auch recht wohl! Morgen schon sind Sie im Schuldthurm! — Wobei ich Ihnen, meine Damen, nicht verhehlen will, dass, wie sehr er mich auch hasst, ich in seinen Büchern sehr hoch angeschrieben stehe. Indessen durchaus nicht lüstern auf die Bekanntschaft mit dem Gefängniss, sehe ich mich um, und finde eine Leiter, die glücklicherWeise auf den Boden führt, — ich steige hinauf, schlüpfe durch eine Dachluke, eile über die Dächer, um einen Ausgang zu suchen, und versenke mich und meinen Schmerz zuletzt in diesen Kamin, der mir die unerwartete Ehre Ihrer Bekanntschaft schenkte.

Ich will Ihnen, um meine Geschichte vollständig zu machen, nun auch die Wahrheit gestehen, dass mir seit einigen Tagen in Folge verschiedener unbezahlter und gerichtlich eingeklagter Wechsel der grimmigste Haftbefest auf dem Nacken sitzt — ein gewisser Martin —

Susanne. Gerechter Gott! Mein Mann.

Florian. Ihr Mann? Dass sich Gott erbarme! — Da bin ich dem Wolf in den Rachen gelaufen! *Er eilt zur Mittelthür.* Ich muss fort — fort, um jeden Preis!

Susanne. *horchend.* Still, ich höre Tritte!

Rosine. Er ist es!

Florian. *macht einen Sprung.* Es ist aus mit mir!

Susanne. *in höchster Angst.* Und der Schlüssel steckt draussen in der Thür!

Martin. *von Aussen.* Susanne!

Rosine. *nach dem Hintergrunde eilend.* Es kann Niemand herein!

Martin. *von Aussen.* Ich bin es ja!

Susanne. Du darfst nicht herein, es ist in diesem Augenblick unmöglich!

Rosine. *öffnet die Thür etwas und ruft hinaus.* Warten Sie! Ein wenig später!

Martin. Ach so, ich verstehe, na, ich werde sogleich wiederkommen!

Florian. Er geht? Ha! — ich lebe wieder auf!

Susanne. Er ist fort —

Rosine. Ja, aber er konnte sich anders besinnen! *Sie zieht den Schlüssel von aussen ab, und schliesst die Thür von innen zu.*

Florian. Gerettet! Gerettet!

Rosine. *immer an der Thür lauschend.* Still, Sie Unglücksvogel!

Florian. Kommt er zurück?

Rosine. Nein, — er geht auf dem Flur auf und ab ...

Florian. So kann ich also nicht fort? Weh mir, weh mir!

Rosine. *vortretend.* Etwas muss geschehen!

Susanne. Aber was?

Rosine. Halt! Ich hab's! *Zu Susanne.* Oeffne das Fenster! Der Herr da muss in den Garten hinunter!

Florian. Oho! Da passe ich gefälligst. Nicht so dumm! Mit gebrochenen Armen und Beinen. — Nicht wahr? Nein, da weiss ich etwas Besseres! *Er nimmt das Licht, das auf dem Kamin steht.*

Susanne. Was wollen Sie thun?

Florian. Ich stecke das Haus in Brand und in der Verwirrung lauf' ich davon!

Rosine. Warum nicht gar? — Doch, so wird's gehen! — Ich öffne die Thüre, und Susanne und ich fangen an zu schreien: Ein Dieb, ein Dieb!

Susanne. Das lasst sich hören!

Florian. *sehr schnell.* Wie! Ein Dieb!

Rosine. Man eilt herbei, packt Sie beim Kragen —

Florian. Und schleppt mich auf die Polizei —

Rosine. Nun ja!

Florian. Da sitz' ich drei Monate in Untersuchung — und dann - in's Zuchthaus! Gehorsamer Diener! Daraus wird nichts!

Rosine. Dann thun Sie mir sehr leid, denn es giebt kein anderes Mittel, Sie zu retten. *(Sie läuft zur Mittelthür.)*

Florian. *(ihr nacheilend.)* Erlauben Sie, mein Fräulein! *(Er zieht rasch den Schlüssel aus dem Schlosse.)*

Rosine. Wollen Sie mir wohl den Schlüssel zurückgeben? *(Sie ringt mit ihm und drängt ihn zum offenen Fenster.)* Oder ich dränge Sie zum Fenster hinaus! *(Florian, mit dem Rücken gegen das Fenster, verliert das Gleichgewicht, er streckt die Arme aus um sich fest zu halten und lässt den Schlüssel in den Garten fallen.)*

Florian. *(einen Schrei ausstossend.)* Verdammt!

Susanne. Was ist denn geschehen?

Florian. Ach! Du lieber Gott! Der Schlüssel ist in den Garten gefallen!

Susanne. O Sie — Grosser Gott! Was soll nun aus mir werden?

Rosine. Weisst Du was? Der Tanz ist zu Ende — die Gäste gehen bald fort — wenn die Treppe leer ist, schrauben wir das Schloss ab!

Florian. Ja, ja, das geht!

Rosine. Sie machen sich aus dem Staube —

Florian. O, ich schwöre es Ihnen! Ich schwöre es Ihnen bei der Asche — dieses Kamins!

(Es wird geklopft.)

Susanne. Still! Still um Gottes Willen:

Martin. Susanne! Liebstes Susannchen! mache doch auf!

Susanne. *(sehr verlegen.)* Nein! Es ist mir unmöglich!

Martin. O ich errathe! — Du bist noch böse —

Susanne. Sehr böse, jawohl sehr böse, ich mache in keinem Falle die Thür auf! Und damit gut!

Martin. Aber, bestes Susannchen, sei doch vernünftig — Du kannst doch unmöglich die ganze Nacht so allein zubringen?

Susanne. *(mit wachsendem Groll.)* Ich bin nicht allein — Rosine ist bei mir!

Martin. Rosine, nun ja — aber —

Susanne. Und dann sind wir sogar unser Drei — ein allerliebster junger Mann ist bei uns!

Florian. *(sich vergessend, sehr laut.)* Madame! Was wagen Sie?

Rosine. *(leise zu Florian.)* Wollen Sie wohl schweigen!

Martin. Ah, Bravo Rosine! Sie machen seine Stimme täuschend nach! — Ein junger Mann! *(Lachend.)* Ha, ha, ha! Du sagst das nur, um mich eifersüchtig zu machen! Ha, ha, ha! Aber den Gefallen thue ich Dir doch nicht! Ha, ha, ha!

N°4. Quartett und Couplets.

(*Susanne und Rosine sind gegen Schluss des Musikstücks eingeschlafen.*)
Florian. Herrjeh! Nun sind die Beiden gar eingeschlafen!
(*Es wird an der Thür geklopft.*)
Rosine. (*erwachend.*) Man klopft?
Martin. Susanne, ich bin's! Mein gutes, liebes Susannchen!
Florian. (*leise.*) Er ist also nicht zu Bette gegangen! Das habe ich mir gleich lebhaft gedacht.
Rosine. (*leise.*) Still! Nicht gesprochen! Er muss glauben, sie schläft!
Martin. Du antwortest mir nicht? — Wenn Du schläfst, so sag' es mir!
Florian. (*zu Rosine.*) Warten Sie, ich will ihn überzeugen. (*Er fängt zu schnarchen an.*)
Susanne. (*erwacht und springt auf.*) Mein Himmel! Was ist das?
Rosine. Herr! Sie sind doch auch gar zu ungeschickt! (*Sie wirft ihren Stuhl um.*) O weh!
Martin. Susanne, mach' doch auf! Ich weiss ja, ihr spielt nur Comödie mit mir!
Susanne. Ein für allemal, ich mache nicht auf!
Martin. Also nicht? — Nun gut, so brauche ich Gewalt!
Susanne. (*bestürzt.*) Er wird am Ende die Thüre einbrechen!
Rosine. Es wird immer schlimmer.
Florian. Es wird so schlimm, dass mir sogar schlimm zu Muthe wird.
(*Es wird wieder geklopft.*)
Martin. Willst Du mir aufmachen oder nicht? Ich frage Dich zum letzten Male! (*Pause.*) Ach, ich sehe schon, Du hast mich nie geliebt!
Susanne. Er weint!
Rosine. (*gerührt.*) Der arme Mann!
Martin. (*schluchzend.*) Wenn Du nicht aufmachst, so sterbe ich hier vor Deiner Thür!
Susanne. (*erschrickt.*) Himmel! er will sich umbringen!
Florian. Lassen Sie ihn doch! Da sind wir mit einem Male aus aller Noth!
Martin. Du willst es, also! So leb' wohl! Eins! Zwei! Drei! (*Man hört einen Schuss fallen.*)
Rosine. und Susanne. (*erschreckend.*) Ha! (*Sie fallen in Florian's Arme.*)
Florian. (*wie vernichtet.*) Ich bekomme gewiss graue Haare vor Schrecken!
Susanne. (*in Thränen ausbrechend.*) Rosine, er hat sich erschossen!
Rosine. Er hat sich erschossen!
Susanne. Ach! Ich überlebe es nicht!
Rosine. (*Florian sehr tragisch am Arme fassend.*) Sie sind die Ursache dieser grauenvollen Katastrophe! Mörder! Mörder!
Susanne. (*zur Thür eilend.*) Martin! Mein Martin!
Martin. Susannchen! Mein Susannchen!
Rosine. Ach! Er ist nicht todt!
Martin. Auch nicht verwundet! Es war nur ein Scherz, um Euch zu zwingen, mir die Thür zu öffnen!
Florian. Einen so anzuführen! Scheusslich!
Martin. Jetzt wirst Du mir doch aufmachen!
Susanne. Ich kann nicht — der Schlüssel ist in den Garten hinabgefallen!
Martin. Ich hole ihn schnell herauf!
Florian. Die Sache verwickelt sich immer mehr!
Susanne. Desto schlimmer für Sie! Er wird Sie hier finden — ich werde ihm Alles erklären! — Und da er Pistolen bei sich hat —
Florian. Erlauben Sie, erlauben Sie! Wenn er solche Mordinstrumente mit sich führt (*für sich*) und Murrer's Wechsel, (*laut*) so muss ich mich wohl aus dem Staube machen.
Rosine. Aber wie?
Florian. Leben Sie wohl, meine Damen! Sie werden mein Andenken nicht fluchen. — Mein Schicksal muss erfüllt werden. (*Er eilt zum Strassenfenster.*)
Rosine. Was wollen Sie thun?
Florian. Ich mache den Salto mortale!
Rosine. Drei Etagen?
Florian. Und das Pflaster zum Kopfkissen!

N⁰ 5. Florian's Lamentation.

(*In diesem Augenblick sieht man am Fenster das Seil eines Maueranstreichers erscheinen. Es ist ganz Tag geworden.*)
Rosine. Ha, sehen Sie doch, das Seil des Maurers, der das Haus anstreicht!
Florian. Ein Seil? Ich hänge mich daran! Um jeden Preis! (*Er zieht das Seil zu sich heran und findet daran einen Schemel von Holz und Bindebänder, — ein Packet, bestehend aus einer Blouse, Beinkleid und Knieledern.*) Da ist auch Alles, was dazu gehört. Hurrah! gerettet, gerettet!
Martin. (*im Garten*) Susanne!
Susanne. (*zum Gartenfenster eilend.*) Mein Freund!
Martin. Ein wenig Geduld! Ich suche!
Florian. Mir fällt ein Stein, nein, eine ganze Steinsammlung fällt mir vom Herzen! (*Er hat das Packet losgemacht und fängt an, die Blouse anzuziehen.*)
Rosine. Und das Schuldgefängniss?
Florian. O, da kann man wieder herauskommen! — Doch — wenn ich nun gar nicht hineinkäme?
Rosine. Das wäre freilich besser!
Florian. Sehn Sie, meine Tante hat mir versprochen meine Schulden zu bezahlen, wenn ich mich verheirathen würde!
Susanne. (*immer am Gartenfenster.*) Rasch, rasch! Sputen Sie sich doch!
Florian. Helfen Sie mir in den Aermel hinein! — Es ist jetzt keine Zeit zu verlieren. (*Sie hilft.*) Nun den andern! — A propos, wollen Sie meine Frau werden?
Rosine. Ich glaube, Sie sind etwas übergeschnappt!
Martin. Geduld! Susanne, ich suche!
Susanne. (*am Fenster.*) Suche nur, mein Freund, suche! (*zu Rosine.*) Der Herr frägt, ob Du seine Frau werden willst? Antworte schnell!
Rosine. Aber ich bitte Dich?
Florian. Sagen Sie ja! Sie werden es nicht bereuen! Ich bin ein guter Kerl — Florian Specht —
Rosine. Ja, ja, ich weiss!
Florian. Gebürtig aus Neuruppin —
Rosine. Aber wir kennen uns ja kaum!
Florian. Wir haben ein ganzes Leben vor uns, um uns kennen zu lernen. — Zudem haben wir die Nacht zusammen zugebracht — und wenn man die Nacht —
Rosine. Aber ich habe Nichts! —
Florian. Genügt mir vollkommen!
Rosine. Nicht einmal eine Familie.
Florian. Ich habe eine, — und die ist genug für uns Beide.
Martin. Ha, ich habe ihn! — Susanne, ich habe ihn!
Susanne. Er hat den Schlüssel!
Florian. (*ist mit seiner Verkleidung fertig.*) O Fräulein, die Augenblicke stürzen in das Meer der Vergessenheit! Also? — (*Er steigt auf das Fenster und befestigt das Seil an dem Schemel.*)
Susanne. Antworte doch schnell!
Rosine. Mein Gott! Diese Eile —
Florian. (*am Seil hängend.*) Vor unserer Hochzeit werde ich noch einmal mit Ihnen sprechen müssen. — Unter welchem Himmelstrich kann ich Sie finden?
Susanne. (*lebhaft.*) Sie wohnt in Potsdam — in der Modehandlung —
Rosine. Nicht fern vom Wilhelmsplatz.
Florian. Am nächsten Sonntag bin ich drüben, mache mich freiwillig zum Potsdamer und — weiter sage ich Ihnen nichts!
Rosine. Halten Sie sich an dem Seile fest!
Florian. Keine Sorge! Also auf Wiedersehen, auf frohes Wiedersehen! War das 'ne Nacht! Mein Leben lang werd' ich daran denken! Noch mal, Adieu! (*Durch das Fenster ab.*)
Susanne und Rosine. (*sich umarmend.*) Gerettet, gerettet!

N⁰ 6. Couplet an das Publikum.

www.ingramcontent.com/pod-product-compliance
Lightning Source LLC
Chambersburg PA
CBHW020334090426
42735CB00009B/1535